司马光砸缸

Sima Guang and the Water Jar

杨永青 / 编绘　　龚燕灵 于心越 / 译
Illustrated & Written by Yang Yongqing　　Translated by Gong Yanling & Yu Xinyue

During the Song Dynasty, there was an amazing person called Sima Guang. He had an exciting adventure when he was a little boy.

宋朝的时候，有一个了不起的人物叫司马光。他小时候发生过这样一件事情。

有一天，他和小伙伴们在庭院里捉迷藏。

One day, he was playing hide and seek with his friends…

During the game, one of his friends quietly climbed onto a rockery. A huge clay jar filled with water stood right next to the rocks.

有一个小伙伴悄悄地爬上了假山。假山旁边正巧有个大水缸,里面装满了水。

"Splash!" The little boy accidentally fell into the water jar.

这个小朋友一不留神,脚下一滑,"扑通"一声掉进了大水缸里。

伙伴们一下子慌了,有的跑去找人,有的大喊:"救命啊!救命啊!有人掉进水缸里啦!"

All the other playmates panicked. Some ran to find a grown-up. Some yelled, "Help! Help! Someone fell into the water jar!"

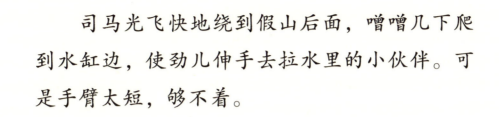

司马光飞快地绕到假山后面,噌噌几下爬到水缸边,使劲儿伸手去拉水里的小伙伴。可是手臂太短,够不着。

Sima Guang quickly ran behind the rockery and climbed up to the edge of the water jar, trying to reach his friend. But oh dear! His arms were not long enough.

同伴们又急又怕,不知如何是好。有的一屁股坐在地上哭了起来。司马光的脑子里飞快地想着救人的办法,突然,他一眼瞥见了地上的一块大石头,顿时有了主意。

Everyone was frightened and worried, not knowing what to do. Some just sat on the ground and started crying.

Sima Guang racked his brains for a solution. Suddenly, a big rock on the ground caught his eyes and he hit upon an idea.

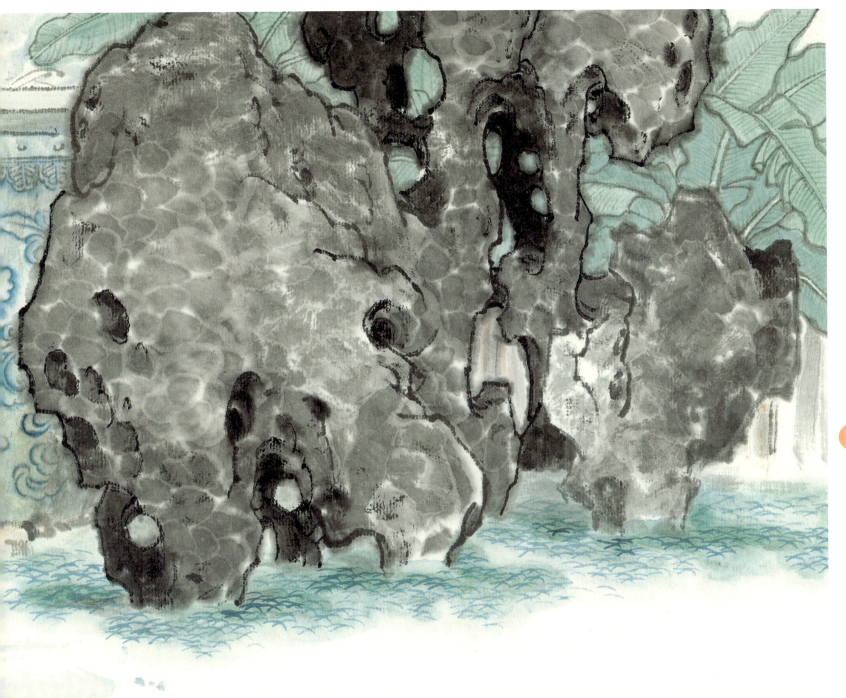

司马光飞跑过去,用力搬起地上的大石头。

He ran over and gathered all his strength to lift the rock.

Holding the rock in his arms, he smashed it against the side of the huge jar.

他抱着石头使劲儿朝水缸砸去。

"砰!"水缸破了,里面的水"哗"的一下子喷涌出来。

"Crash!" The jar broke, and the water flooded out.

The boy who fell into the jar was saved. News about this adventure spread quickly.

掉进水缸里的小伙伴得救了。这件事很快就传开了,听到的人都竖起大拇指,夸赞司马光遇到事情不慌乱,能够沉着冷静地想办法。

Everybody thought what Sima Guang did was really amazing——instead of panicking in an emergency, he stayed calm and worked out a clever solution that saved his friend's life.

故事里的传统文化

缸

文/老猫 凉皮

在《司马光砸缸》的故事中，司马光为了救小伙伴，砸坏了一口很大的水缸。关于缸，你都知道什么呢？

用途多多的"缸"

缸曾经是中国人生活中一种常见的盛物容器，通常口大底小，由陶、瓷、搪瓷或者玻璃制成，个头儿有大有小，常用来储备粮食、盛放水。

古时候没有自来水，人们需要用扁担挑着水桶去井边、河边挑水，再将挑回来的水倒入水缸储存。你看过动画片《三个和尚》吗？动画里的小和尚一开始就是用扁担挑着水桶去山下的小河取水，然后把水挑上山，存在水缸里。

缸除了用来储米盛水外，还可以用来酿醋、酿酒、染布料、养鱼及盛放画卷书轴、把玩等。所以，相应的缸的种类也有很多，比如水缸、鱼缸、卷缸、案缸、酱缸等。明成化年间的斗彩鸡缸杯是皇帝的御用酒杯，外形很像缸，可以算是一口迷你缸了。

过去，大宅院或重要场所的院子里常常会摆放一口大水缸。除了用来储存饮用水，你知道它还有什么特殊用途吗？对，缸里的水可以救火防灾。比如，故宫里乾清宫外的大铜缸就是这个用途。后来，门口放水缸又衍生出了聚财之意，缸是聚宝盆而水就是财富。大缸还能用来做杂耍，"顶大缸"在传统杂技中可是高难度的表演项目。

关于缸的诗句

缸遍布于达官显贵和普通百姓家，从实用到文玩都有，所以常被一些文人吟咏。比如唐诗里含有缸的诗句就非常多，像李白的诗句"冰合井泉月入闺，金缸青凝照悲啼"；元稹的诗句"已困连飞盏，犹催未倒缸"；罗隐的诗句"野香花伴落，缸暖酒和烧"；岑参的诗句"朝回花底恒会客，花扑玉缸春酒香"；白居易的诗句"起尝残酌听馀曲，斜背银缸半下帷"；等等。

和缸有关的故事

《十八口大缸》的故事，说的是王献之年轻时的书法总是达不到父亲"书圣"王羲之的水平，于是王羲之让王献之勤加练习，写完院子里的十八口缸中的水（古人写字需要蘸水磨墨）。王献之很刻苦，最终写完了十八缸水，书法技艺也达到了炉火纯青的地步。

故事《七星缸》是杭州地区很有名的民间传说。传说从前杭州城火患频频，古人见玉皇山山势如龙，就说山里住着一条火龙，火灾是火龙所致。于是，人们就铸造了七口大缸，放到玉皇山紫来洞东北角，以镇"离龙"，消除火灾。

看了这么多传统文化中关于缸的介绍，你是不是想更近距离地了解缸呢？如果家里已经没有缸了，可以去民俗博物馆或历史博物馆看一看，寻找一下缸的踪迹。

小游戏

【画一画】在下面空白的缸上画出自己喜欢的图案,并说一说这个缸是用来盛放什么的。

【认一认】除了缸以外,你可能还听说过下面这些日常的"老"器物,你知道它们的用途吗?

水瓢 蒜臼 提盒 香炉 擀面杖 棒槌 箩筐 簸箕

【读一读】你知道下面这些与缸有关的传统俗语都是什么意思吗?

1. 漏秋十八缸;
2. 小小石头,砸坏大缸;
3. 缸口好盖,人口难捂;
4. 棒槌打缸,四分五裂;
5. 当了泔水缸,好坏都得装;
6. 水缸穿裙子,天就要下雨;
7. 碟子的外面有盆,盆外面有缸;
8. 缸里无米空起早,田里无肥空种稻。

图书在版编目（CIP）数据

司马光砸缸 = Sima Guang and the Water Jar：汉英对照 / 杨永青编绘；龚燕灵，于心越译．-- 北京：朝华出版社，2016.12
（中国故事绘）
ISBN 978-7-5054-3891-0

Ⅰ．①司… Ⅱ．①杨…②龚…③于… Ⅲ．①儿童故事—图画故事—中国—当代 Ⅳ．① I287.8

中国版本图书馆 CIP 数据核字 (2016) 第 304999 号

司马光砸缸
Sima Guang and the Water Jar

作　　者	杨永青
翻　　译	龚燕灵　于心越
审　　定	[英] Norman Pritchard
选题策划	汪　涛　刘冰远
特别企划	莫　梵
责任编辑	赵　星
特约编辑	张　璇　吴红敏　梁品逸
责任印制	张文东　陆竞赢
导读插画	郭建红
装帧设计	永承文化
出版发行	朝华出版社
社　　址	北京市西城区百万庄大街24号　邮政编码 100037
订购电话	（010）68996050　68996618
传　　真	（010）88415258（发行部）
联系版权	j-yn@163.com
网　　址	http://zhcb.cipg.org.cn
印　　刷	北京利丰雅高长城印刷有限公司
经　　销	全国新华书店
开　　本	787mm×1092mm　1/12　　字　数　23千字
印　　张	2
版　　次	2016年12月第1版　2016年12月第1次印刷
装　　别	平
书　　号	ISBN 978-7-5054-3891-0
定　　价	15.00元

版权所有　翻印必究·印装有误　负责调换